Por el amor que me has dado a lo largo de los años... por los sacrificios que hiciste... por el aliento que me diste... por siempre creer en mí... estoy tan agradecida de que seas mi madre. ¡Te quiero!

ISBN: 978-1-59842-993-0

Impreso en China.
Segunda impresión en español: 2017

Este libro se imprimió en papel reciclado.

Este libro está impreso en papel que ha sido producido especialmente para estar libre de ácido (pH neutro) y no contiene madera triturada ni pulpa no blanqueada. Cumple todos los requisitos del American National Standards Institute, Inc., lo que garantiza que este libro sea duradero y pueda ser disfrutado por generaciones futuras.

Blue Mountain Arts, Inc.
P.O. Box 4549, Boulder, Colorado 80306, EE.UU.

A mi madre

El amor de una madre es un tesoro perdurable

Marci

Artes Monte Azul™
Blue Mountain Arts, Inc., Boulder, Colorado

Madre,
tu amor
es un
tesoro
perdurable

Lleva tiempo y un corazón dotado de sabiduría darse cuenta del verdadero regalo que está envuelto en el amor de una madre. Es fácil dar por sentadas estas bendiciones, porque se dan tan generosamente desde el día en que nacemos. Hoy, quiero agradecerte por todo lo que me has dado y decirte lo especial que eres. Tú eres mi madre y mi guía, y tu amor es un tesoro perdurable.

Nuestro vínculo es eterno

He llegado a comprender y aceptar que nuestras vidas han sido unidas por una razón, y por ello estoy agradecida. Tu amor es lo que yo necesitaba para crecer hasta lograr desarrollar todo mi potencial. Doy gracias por la persona que eres y por tu amor y cuidados a lo largo de los años. Tú has visto lo mejor y lo peor de mí y me has amado. El vínculo que hemos formado es eterno.

Por todas las

pequeñas cosas que haces...

A veces olvido decirte "gracias" por todas las pequeñas cosas que haces... pero quiero que sepas que aunque no lo diga, agradezco tanto tu consideración, tu cariño, tu disposición para complacer. Tus esfuerzos nunca pasan inadvertidos.

¡Tú me inspiras!

Tú tienes una manera de siempre iluminar mi día... y es con pequeñas cosas que significan tanto. Una llamada telefónica en el momento preciso, un abrazo cuando se necesita o una reconfortante palabra de aliento. Tú eres una luz ardiente, silenciosa y firme que me inspira a dar lo mejor de mí.

Algunos tenemos la bendición de contar con una persona especial sin la cual no podemos imaginar la vida... una persona que está siempre presente en espíritu... cuyo cuidado y preocupación se conocen y se sienten incluso a la distancia... y cuyo amor y amistad se dan siempre como regalos. ¡Yo soy la que ha sido tan bendecida... y tú eres la razón!

Debido a ti, tengo tantos recuerdos que vivirán por siempre en mi corazón... y una amistad única que encontramos en la senda que juntas caminamos como madre e hija. Hemos compartido la dicha y la tristeza... buenos y malos momentos. Soy tan afortunada de haberte recibido como mi madre... y también como amiga.

Tu espíritu positivo es contagioso

Cuando mi senda parece llena de obstáculos y me pregunto por qué la vida es tan difícil, tú me recuerdas que la esperanza es un regalo que nos hacemos a nosotros mismos... Cuando elegimos esta actitud y acudimos a nuestras reservas internas, somos recompensados con el conocimiento de lo que hemos aprendido en la vida. La decisión de anhelar, ser positivos y mantener la esperanza es una llave que abre la puerta a las posibilidades, y tú me muestras cada día el poder de la esperanza.

Tú me has dado tantos regalos maravillosos

El día en que nací recibí el regalo más hermoso... el regalo de tenerte como madre. Quiero que siempre recuerdes lo agradecida que estoy por esta bendición y lo mucho que atesoro las cosas invaluables que me has dado con tanta generosidad. Está la fe en mí que has mostrado y que me ha permitido creer en mí... está el amor que me has dado que me ha enseñado a amar con todo mi corazón... y están los valores que demostraste que me han dado una base para vivir. Estos son los regalos que permanecerán conmigo para siempre.

Gracias por creer en mí

Tú eres la única que crees en mí pase lo que pase... La que celebra mis fortalezas y no parece notar mis debilidades... La que me apoya en las buenas y en las malas. Puedo contar con que seas la que diga "Tú puedes hacerlo"... "Resiste"... y "Todo va a estar bien". Sólo quiero que sepas lo mucho que esto significa para mí.

Debes haber tenido tantos sueños para mí cuando nací, pero me dejaste tener mis propios sueños y me apoyaste para que los alcanzara también.

Me viste crecer y cambiar año tras año, siempre recordándome ser fiel a mí misma en todos los desafíos de la vida.

Me diste oportunidades que me ayudaron a descubrir quién soy y me diste las herramientas que necesitaría para tener éxito.

Me recordaste a menudo que era realmente amada y esas veces me han dado tantos momentos preciosos para guardar.

Me dejaste ir cuando estoy segura de que querías retenerme, y me diste la confianza necesaria para encontrar mi lugar en el mundo.

De tantas maneras me has mostrado amor incondicional.

Nunca podría haber una madre mejor que tú

Eres el ejemplo perfecto del amor y el cariño, la compasión y la preocupación. El solo hablarte me hace sentir mejor y estar contigo me recuerda las cosas más importantes de la vida. ¡Saber que tengo una madre como tú es el regalo de tener familia y amistad envueltas en amor!

Me tuviste en tus brazos cuando era bebé y me dejaste entrar en tu corazón... Me criaste en la niñez y me enseñaste los valores que me conducirían por la vida. Por momentos, me dejaste aprender de mis propios errores, pero siempre estuviste a mi lado para secar mis lágrimas y compartir mi dicha.

Me has observado emprender mi travesía y me has inspirado a lo largo del camino. Has compartido mi felicidad en todo lo que hago... ¡y lo haces simplemente porque eres mi madre! Estoy tan contenta de tener una madre como tú.

Siempre estás
cuando
te necesito

Hay días en los que sólo necesito una mano amiga... hay días en los que sólo necesito un abrazo... hay días en los que sólo necesito una palabra de aliento... hay días en los que sólo necesito a alguien que me acompañe para compartir la risa o un recuerdo... ¡Es en "esos días" que estás tú!

Tu amor no tiene fin

El tiempo me ha dado una mayor comprensión de la vida y una creciente valoración de todo lo que has sido para mí. A medida que el plan de la vida se despliega y recibo el regalo de vivir, te veo bajo una nueva luz. Sé verdaderamente el amor que has dado y sentido a lo largo de los años, y estoy llena de gratitud.

¿Recuerdas cuando me mandaste a mi primer día de escuela? Tenías cada detalle bien arreglado para que mi comienzo fuera perfecto.

¿Recuerdas todos los cumpleaños que me ayudaste a celebrar? ¿Y cómo siempre encontrabas una tarjeta especial?

¿Recuerdas los abrazos de aliento y las lágrimas que secaste en el camino?

¿Recuerdas las preocupaciones que tenias cuando yo encontraba mi lugar en el mundo? ¿Y cómo me "dejaste ir" aunque fuera difícil?

Yo recuerdo todas esas cosas, y al mirar atrás, me siento tan amada.

Tú has marcado
una
diferencia
tan grande
en mi vida

Madre, pienso en ti tan a menudo y me doy cuenta de lo increíble que eres. Tú has marcado una diferencia tan grande en mi vida. Por las muchas palabras amables que has dicho, por las cosas consideradas que has hecho, por la manera en que siempre estás compartiendo esa persona especial que eres tú... soy afortunada de tener una madre como tú.

Te amo y
te doy
las gracias

Nunca ha habido palabras
más poderosas que
"Te amo"...
o con más significado que
"Gracias"...
Así que te digo estas cosas
a ti ahora:
"Te amo más
de lo que las palabras
pueden expresar,
y te agradezco
por ser parte de mi vida".

Mis deseos para ti...

Tengo dentro de mí tantos deseos para ti... Te deseo felicidad al comenzar cada día... un amor especial para alegrar tu corazón... y tiernos recuerdos para guardar.

Deseo que tengas paz en tu alma cuando comiences cada día con gratitud.

Deseo que sepas cuánto te valoro como madre y recuerdes que te amo este día y todos los demás.

Siempre llevaré tu amor en mi corazón

Vaya donde vaya... haga lo que haga... siempre llevaré tu amor en mi corazón. Tu amor se convierte en esperanza y hace soportables los desafíos de la vida. Tu amor se convierte en fe y me inspira a dar lo mejor de mí. Tu amor permanece en mi corazón cada hora del día y me recuerda que no estoy sola. Estoy tan contenta de tenerte en mi vida.

Acerca de Marci

Marci comenzó su carrera pintando a mano diseños florales sobre ropa. ¡Nadie se sorprendió más que ella cuando un día, en una sola explosión de inspiración y con un estilo artístico completamente nuevo, sus deliciosos personajes surgieron de su pluma! "Sus cabellos salvajes y alocados son un signo de fortaleza", pensó, "y sus sonrisitas torcidas son entrañables". Rápidamente identificó a los encantadores personajes como Madre, Hija, Hermana, Padre, Hijo, Amigo, Amiga, y así siguiendo hasta completar todas las personas y lugares de la vida. Luego, con sus seres queridos en mente, escribió un sentimiento auténtico y especial para cada uno. Éste sería el comienzo de una maravillosa historia de éxito, que todavía hoy encuentra a Marci escribiendo cada uno de sus versos en la misma forma personal.

Marci es una artista autodidacta que siempre ha disfrutado con la escritura y el arte. Se maravilla al ver cómo sus encantadores personajes y sus mensajes universales de amor han llegado al corazón y las vidas de las personas en todas partes. Sus característicos dibujos pueden verse también en las tarjetas de felicitación, calendarios, señaladores de libros y otros artículos de regalo de Artes Monte Azul.

Para saber más sobre Marci, busca Children of the Inner Light en Facebook o visita su sitio web en www.MARCIonline.com.